你的我的？我的你的！

Yours Is Mine, Mine Is Yours

愛能擊退黑暗？！

圖／黃瑞儀
文／黃瑞芝
英譯／鄭思齊

圖文作者獻給永遠敬愛的父親
黃重光（磊明盧）
西元1911～2000年

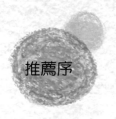

推薦序

表演工作者／伊　正

認識瑞芝，是在主持大愛劇場「戲說人生」節目時，那時候她是編導，透過她書寫的文字、經由我的串流、配合拍攝的畫面，將大愛劇場的真善與良美，傳遞到世界每一個角落。

多年來，我們各自在不同的文化創作領域、努力地生活也堅持著！而再一次連絡上，我已是兩個小女孩的父親了，人生歷程多了爸爸這新的身分，自然對兒童教育的真善與良美有迫切的渴望與選擇！

「給孩子說故事」是親子間增進彼此親密關係及心靈交流很重要的一段時光，孩子的心如同一張純白的紙，活潑生動的圖文繪本，把淺顯易懂的人生道理及生活智慧融入其中，將最能吸引他們的高度關注及提問的興趣；而孩子人生的顏色也會從小藉由這些故事、一抹一筆的印染上去！

很開心瑞儀、瑞芝這兩姐妹，依舊本著她們善的初心，藉著溫柔的筆觸及單純的圖像為孩子們說故事，相信這些原始的純真、簡單的哲理，也能透過繪本不留痕跡地深植在他們的心田，孕育出一顆顆愛的種子～

孩子……
這世界充滿挑戰　也絕不友善
但最最幸福的是……
就是充滿愛地去期待
如同我們愛你的心
去愛　這個世界

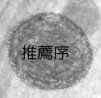

推薦序

國家太空中心研究員／朱崇惠

兄弟姊妹之間的感情很微妙，他們系出同源，互相理解，遇到外侮時能自然而然產生互幫互助的情感與行動。但是在平常，他們就是互為競爭的對手，他們所爭競的就是爸爸媽媽的親近與呵護。

希望每個大人小孩在成長的過程中，在追求愛與被愛的經歷裡，都能夠明白我的是你的，你的是我的，愛的鏈結才會更加完整與緊密。

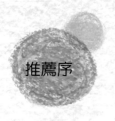

華視新聞主播／連昭慈

以前常聽人說，仁者樂山、智者樂水，小時候總是為了證明自己聰明，搶著說自己喜歡水，但隨著歲月增長，人生歷練豐富了才明白，善良比聰慧更加可貴，善良是一個選擇題，考驗人們的智慧。

故事中，弟弟馬雖然肚子餓，但從頭到尾沒有算計自己能吃到多少青草，也不與哥哥相爭；反觀哥哥馬，一心只為自己著想，還錙銖必較、貪得無厭，後來，反而讓自己身陷危險之中。

而最後，善良的弟弟也完全不記恨，挺身而出保護哥哥，讓哥哥脫險，弟弟的仁慈和勇敢，保護了自己、也拯救了哥哥。

這本繪本很適合拿來當孩子的床邊故事，用淺顯易懂的方式讓孩子領悟善良寬厚的珍貴，和互相幫助的重要性，未來在人生道路上，即使面對現實考驗，也願意選擇做個善良的人。

躲(ㄉㄨㄟˇ)了(ㄌㄜ˙)幾(ㄐㄧˇ)天(ㄊㄧㄢ)的(ㄉㄜ˙)雨(ㄩˇ)，
現(ㄒㄧㄢˋ)在(ㄗㄞˋ)太(ㄊㄞˋ)陽(ㄧㄤˊ)終(ㄓㄨㄥ)於(ㄩˊ)肯(ㄎㄣˇ)出(ㄔㄨ)來(ㄌㄞˊ)了(ㄌㄜ˙)！
After a few days of rain, the sun is finally out!

「哇～今天的風好溫暖啊，
就像一支超大吹風機吹出暖暖的風一
樣，咻～咻～」
"Wow, feel the warm breeze today. It's like a hairdryer
blowing out warm air. Howling and whistling…"

「嗯～ 一陣陣好香甜的青草味啊，咦？ 是誰的水龍頭沒關好？ 我的嘴邊怎麼滴起水來了？」

" The sweet grass smells pleasant and delightful. What's going on? Why am I drooling? "

「啊～ 真是感謝老天爺爺賜給我們這頓豐盛又美好的早餐， 哥哥跟我要開動嘍～ ～ ～ 」

" Thank the Lord for blessing us with such bountiful goodness. Bon appétit! "

「咦～？！草怎麼不見了？！」
" Wait, where did all the grass go?"

「看來哥哥是真的餓壞了……」
" I guess my brother is really hungry."

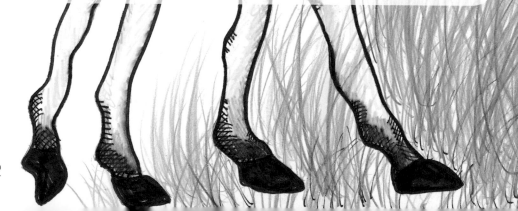

當弟弟換個位置想咬下今天
的第一口早餐時，
哥哥快馬加鞭地跑來大喊：
「這是我的～～～」

The younger brother moved to a different spot. But before he could take his first bite... The older brother came galloping and yelled, "It's mine!"

弟弟還以為發生了什麼事？！
再換個方向真的要吃下他的第
一口早餐時，

哥哥又使盡馬力的趕來叫：
「這也是我的！！」

That gave the younger brother a scare. The younger brother moved to another different spot. But once again, before he could take his first bite... The older brother came galloping again and yelled, "It's mine too!"

「啊ㄚ？ 那ㄋㄚˋ到ㄉㄠˋ底ㄉㄧˇ哪ㄋㄚˇ裡ㄌㄧˇ才ㄘㄞˊ是ㄕˋ我ㄨㄛˇ的ㄉㄜ˙呢ㄋㄜ˙？！」

" Then where can I eat?"

「哦ㄜˊ⋯⋯ 那ㄋㄚˋ⋯⋯ 」
" Well..."

「你去吃水塘那一窩的小草好了！」哥哥說。
"You can have the grass by the pond!" The older brother said.

沒多久，
烏雲的影子飄到了哥哥的頭和腳……
Suddenly, the shadow of a dark cloud appeared...

吼ㄏ ㄡˇ～ ～ ～
Along came a roaring sound…

「弟ㄉㄧˋ……
弟ㄉㄧˋ…… 弟ㄉㄧˋ…… 」
" Oh, no... "

一隻肚子也餓了的公獅子，
就站在離哥哥近到需要戴口罩才
安全的前方，
A hungry lion is standing so close to the older
brother, not following social distancing rules.

哥哥嚇得四肢都顫抖了起來～
可是他肚子太重，像懷孕一樣
的跑不動！
The older brother quivered with fear. But with
his belly full of food, he couldn't move!

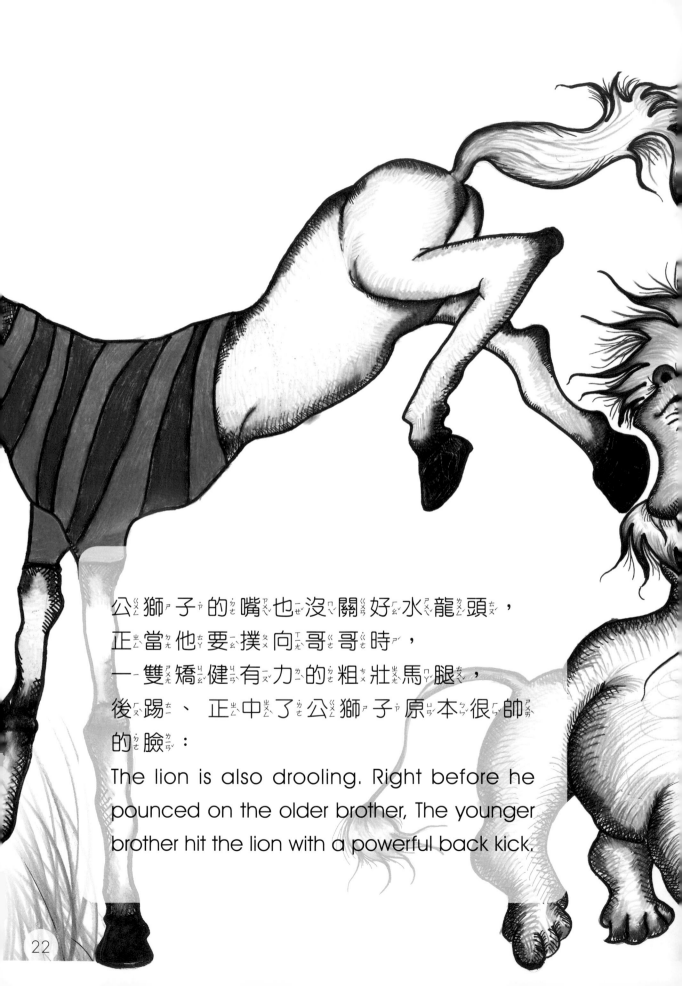

公獅子的嘴也沒關好水龍頭，
正當他要撲向哥哥時，
一雙矯健有力的粗壯馬腿，
後踢、正中了公獅子原本很帥
的臉：

The lion is also drooling. Right before he
pounced on the older brother, The younger
brother hit the lion with a powerful back kick.

「誰
都
不
可
以
欺
負
我
哥
哥
～
～
～
」

" Nobody touches my
older brother!"

公獅子痛的歪著頭、
不甘願地「吼～」了一聲，
其實比較像是唉唉叫，
然後就不見了！

The lion squealed in pain and let out a
roar. Actually, it was more like a cry. And
then he disappeared.

「嗚ㄨ嗚ㄨ嗚ㄨ～ 謝ㄒㄧㄝ˙謝ㄒㄧㄝ˙弟ㄉㄧˋ弟ㄉㄧ˙……」
哥ㄍㄜ哥ㄍㄜ˙啜ㄔㄨㄛˋ泣ㄑㄧˋ著ㄓㄜ˙說ㄕㄨㄛ，
" Thank you..." Said the older brother,
sobbing.

弟弟：「你是我的哥哥，我是你的弟弟……
我們本來就是要互相幫助的啊～」

" You're my older brother and I'm your younger brother."

" We're supposed to help each other out."

「 弟弟…… 對不起～ 」
" I'm sorry…"

作者
簡介

圖／黃瑞儀

藝術創作曾受邀於市政府公共藝術空間展出
現為自由藝術工作者

英譯／鄭思齊

旅歐譯者

攝於捷克布拉格

作者
簡介

文／黃瑞芝
兼任講師、企劃

這是源自即興編給孩子聽的床邊故事，期望兩小能兄友弟恭而急速上場的劇情，因獲孩子深深回響所以衍生寫下的念頭；然故事一擺就是幾年過去，今起筆盼有緣於此會心的大小讀者們，亦能擁一絲絲的感動在心頭，任何建言也歡迎回饋、賜教：sunnymama.book@gmail.com

這繪本的誕生，除了感謝白象文化的細心幫助外，也要謝謝曾經或現在是專業出版人的文靜女士、蘭芳小姐及育修先生，您們的提點皆滋養了我啟新頁的動力；以及，感謝旅歐友人二話不說、充滿義氣的暖心翻譯，積極完成的速度比飛回台灣還快，真的令我窩心不已～

依稀記得在學生時代，父親挺開心姊和我在同一場全國比賽中分別拿下繪圖與作文獎項……姊妹合作提筆點燃故事中的角色生命，隱約中，我們也在祈望父親能開心地看到這繪本。

當然，很高興有重量級的先進、前輩、好友願意撥冗寫序，在各方各面您們都是令我感佩的學習對象，伴隨著您們的文字起飛，這繪本將變得更有勇氣翱翔了！

最終，願每個床邊故事的編織，皆能如我孩兒的名——霈（美好的恩澤）、嘉（眾多的美好）般，從中遇見孩子成長過程裡，那笑容的燦爛與美好～

國家圖書館出版品預行編目資料

你的我的？我的你的！Yours Is Mine, Mine Is Yours／黃瑞儀圖；
黃瑞芝文；鄭思齊譯. --初版.--臺中市：白象文化，2021.1
　　　面；　公分.——（iDraw；13）
注音版
中英對照
ISBN 978-986-5559-36-6（精裝）
1.家庭教育 2.親職教育 3.繪本
528.2　　　　　　　　　　　　　　109017761

iDraw（13）

你的我的？我的你的！
Yours Is Mine, Mine Is Yours

作　　　者　圖／黃瑞儀、文／黃瑞芝、英譯／鄭思齊
校　　　對　黃瑞芝、鄭思齊
專案主編　黃麗穎
出版編印　吳適意、林榮威、林孟侃、陳逸儒、黃麗穎
設計創意　張禮南、何佳諠
經銷推廣　李莉吟、莊博亞、劉育姍、王堉瑞
經紀企劃　張輝潭、洪怡欣、徐錦淳、黃姿虹
營運管理　林金郎、曾千熏
發 行 人　張輝潭
出版發行　白象文化事業有限公司
　　　　　412台中市大里區科技路1號8樓之2（台中軟體園區）
　　　　　出版專線：（04）2496-5995　　傳真：（04）2496-9901
　　　　　401台中市東區和平街228巷44號（經銷部）
　　　　　購書專線：（04）2220-8589　　傳真：（04）2220-8505
印　　　刷　基盛印刷工場
初版一刷　2021年1月
定　　　價　299元

www.ElephantWhite.com.tw　印書小舖 PressStore　出版・經銷・宣傳・設計
f 自費出版的領導者　購書 白象文化生活館